थोड़ी-सी जगह

अशोक वाजपेयी

राधाकृष्ण प्रकाशन

ISBN : 978-81-7119-170-3

थोड़ी-सी जगह

पहला संस्करण : 1994
तीसरा संस्करण : 2019

मूल्य : ₹395

प्रकाशक
राधाकृष्ण प्रकाशन प्राइवेट लिमिटेड
जी-17, जगतपुरी, दिल्ली-110 051

शाखाएँ : अशोक राजपथ, साइंस कॉलेज के सामने, पटना-800 006
पहली मंजिल, दरबारी बिल्डिंग, महात्मा गांधी मार्ग, इलाहाबाद-211 001
36 ए, शेक्सपियर सरणी, कोलकाता-700 017

वेबसाइट : www.radhakrishnaprakashan.com
ई-मेल : info@radhakrishnaprakashan.com

मुद्रक
बी.के. ऑफसेट
नवीन शाहदरा, दिल्ली-110 032

THODI SI JAGAH
Poems by Ashok Vajpeyi

निर्मल वर्मा,

कमलेश और

विनोदकुमार शुक्ल के लिए

व्यापक जीवन में तो नहीं, पर इधर की हिंदी कविता में प्रेम के लिए थोड़ी-सी जगह ही बच पायी है। हमारी कविता में तथाकथित सामाजिक सचाई का ऐसा आतंक है कि निजी अंतरंग अनुभव भी उसी हद तक कुछ कोना-अँतरा पाते हैं जिस हद तक वे उस सचाई के हिस्से बनकर प्रगट हो सकें। प्रेम जीवन और भाषा दोनों में ही अपना समय और अनंत अलग ही रचता आया है : सदियों से वह स्थायी कविसमय रहा है। जिसने जीवन में प्रेम न किया हो वह मनुष्य क्या, और जिसने कविता में प्रेम न किया हो वह कवि क्या?

*इस संचयन में 1958 से 1993 तक की अवधि में लिखी गयी प्रेमकविताओं में से एक सौ तीन कविताएँ संकलित की जा रही हैं। ये पाँच कविता-संग्रहों **शहर अब भी सम्भावना है** 1966 भारतीय ज्ञानपीठ, **एक पतंग अनंत में** 1984 राजकमल प्रकाशन, **अगर इतने से** 1986 राजकमल प्रकाशन, **तत्पुरुष** 1988 राजकमल प्रकाशन और **कहीं नहीं वहीं** 1991 राजकमल प्रकाशन से चुनी गयी हैं। कुछ कविताएँ बाद की हैं और अभी तक असंग्रहीत हैं।*

अशोक वाजपेयी

सी-2/43; शाहजहाँ रोड
नई दिल्ली—110011
8 जून, 1993

अनुक्रम

थोड़ी-सी जगह

प्रेम के रूपक

मैं प्रस्तावित करता हूँ
हरियाली पर पहली ओस,
ऊँचे उड़ता और
नीलिमा से एकाकार होता अंतिम पक्षी,
पुनरपि ज्वलंत सूर्य की लालिमा ।

मैं प्रस्तावित करता हूँ

अँधेरे में जड़ों की तरह सक्रिय शब्द,
बड़ी सुबह
दरवाज़े पर दस्तक का संदेह ।

कीड़ों की
न सुनी जा सकने वाली प्रार्थना
मैं प्रस्तावित करता हूँ।

सुख का प्रस्ताव

मैं सुख का प्रस्ताव करता हूँ—
इस चिलचिलाती धूप में
प्रसन्न खिला है अपने सारे अंग-प्रत्यंग भर अमलतास
फूलों-भरा गुलमोहर अपनी ही लौ-लपक
से इतना घिरा है कि
नज़र तक नहीं आतीं उसकी हरी पत्तियाँ—
दुःस्वप्नों और चिंता के कड़े समय में
मैं प्रस्तावित करता हूँ थोड़ी देर के लिए
सब कुछ को, इस समूचे बीहड़ संसार को
अपनी परिक्रमा में रत इस पृथ्वी को भूलने-तजने-छोड़ने को
और सिर्फ़ उस स्पंदन को सुनने को
जो परस्पर हम दोनों का है—
एक दिन मुरझाने की प्रतीक्षा से दुखी
या अंततः झर जाने की नियति से उदास
नहीं है अमलतास या कि गुलमोहर
उन्हें जितना समय मिला है
उसमें प्रसन्न खिले हैं
इस समय को अपने रंग में रँगते हुए
और पंखुरी-पंखुरी चुनते और बिखेरते सुख—
मैं इसी सुख का प्रस्ताव करता हूँ ।

हम अभी खिलें
हम अभी काल से छीनकर
इन क्षणों को भरें सुगंध से, अभिषेक से
हम पर सुख की छाया हो

मैं इसी सुख का
जो सिर्फ़ हमारा है
हम ही से है
हम ही तक है—प्रस्ताव करता हूँ ।

आत्मा शरीर का अनंत स्वप्न

वृक्ष एक शरीर है
पृथ्वी के शरीर से उगता हुआ और अटूट
फूल तभी तक फूल है जब तक वह एक अंग है
वृक्ष का
और पत्तियाँ तभी तक पत्तियाँ जब तक वे वृक्ष से हिलगी हैं

जब तक तुम साधे हो उसके शरीर को
तभी तक
उसकी आत्मा भी तुमसे अटूट है

आत्मा शरीर का अनंत स्वप्न देखती है ।

थोड़ी-सी जगह

आकाशगंगाओं के तुमुल के बीच
थोड़ी-सी जगह—

थोड़ी-सी जगह
चट्टानों के बीच,
जड़ें जमाने और फिर
आकाश की ओट जाने के लिए—

अंतिम शब्द और
मौन के बीच—

फूल के फल होकर
टपकने के पहले—

ओस गिरने,
ठंड में उत्तप्त खिलने,
नीले आकाश के रक्ताभ होने,
मेघों के कामातुर झुकने,
हरसिंगार के फूल चूने की जगह—
थोड़ी-सी जगह—

वहीं मैं तुम्हें प्यार करूँगा

उस झुरमुट में,
उस गोधूलि में,

उस अस्फुट गान में,
अनंत के पड़ोस में,
उस थोड़ी-सी जगह में—

पूरी की पूरी पृथ्वी

कगार पर नहीं थी वह जरा-सी-जगह
न ही बीचोंबीच—
पर थी और इतनी
कि दोनों बैठ सकें
एक-दूसरे के नजदीक,
कभी-कभार एक-दूसरे को छू सकें
और बिना किसी अड़चन के
बतिया सकें—

आसपास की सारी जगह
घिरी हुई थी
झाड़-झंखाड़ और कबाड़ से,
जितनी बची थी उतनी
जगह थी खाली,
प्रेम से भरी जाने के लिए—

उनके ऊपर था बहुत बड़ा आकाश
एक गझिन पेड़ कोयल के बहाने गाता हुआ—

वहाँ पहुँचने पर उन्होंने पाया
कि सिर्फ़ उतनी जगह नहीं,
उनके पास पूरी खुली पृथ्वी थी
चट्टानों को घेरे वनस्पतियाँ थीं—
वनस्पतियों के आसपास मँडराती तितलियाँ थीं—
नीचे धीरे-धीरे केलिरत कीड़ों की पंक्तियाँ थीं—

जरा-सी जगह ही थी
प्रेम के लिए,
पूरी की पूरी पृथ्वी ।

चटक विलसित

उस गहरे नीले अँधेरे में से
आलोक-स्फुरित होकर आने से पहले
एक दस्तक सुख के द्वार पर,
एक और थपथपाहट आलस्य-भरी
तृप्ति के उद्‌गम पर—

गौरैया फुदकती है
दो-तीन बार
अँधेरे पुष्प के उजले प्रस्फुटन के
बाद—

आओगी ?

सुबह का वक़्त है : उमस-सी है और धूप में एक अप्रीतिकर
चमक भी । वनस्पति का हरा रंग भी बेराहत लग रहा है ।
एक सुंदर-सी पीली चिड़िया वहाँ घास पर फुदक रही है ठीक
वैसे ही जैसे तुम हो सुंदर नीरव और प्यार को घास की तरह
धीरे-धीरे पहचानती और उसमें अपने लिए अर्थ खोजती ।
जैसे इस चिड़िया को मिली है हरी घास या नीला अंतरिक्ष,
क्या हम एक दूसरे को मिल सकते हैं ? सुबह के हल्के ठंडे
उजास में क्या धीरे-से मैं तुम्हें पुकार सकता हूँ और
उम्मीद कर सकता हूँ कि निमंत्रण पर तुम आओगी ?

मैंने उससे कहा

मैंने उससे कहा
उससे नहीं
दूब की नोक पर
धूप में झिलमिलाती
ओस की बूँद से,
दोपहर की सूनी डाल पर बैठी
गुपचुप बैठी
पलाश के दहकते फूलों से घिरी नीली चिड़िया से,
नंगे पहाड़ पर
आकाश को झेलती
शाम की अकेली खिड़की से,
कहा—
न ओस ने, न दूब ने,
न धूप ने, न चिड़िया ने
न पहाड़ ने, न खिड़की ने
किसी ने नहीं सुना
सुना सिर्फ़ उसने जिससे
शायद मैंने नही कहा ।

कैसी हो ?

कैसी हो ? वैसी ही शुभदा आत्मसंयमित
और अपने को सम्हाले हुए ।

सौभाग्यशाली है वह
जो तुम्हारे पास है,
तुम्हारी आवाज़ सुन सकता है,

वह हवा जो अभी बहुत हल्के से
धूप के बावजूद तुम्हें छूकर और न छूकर भी गयी है
कहीं मैं तो नहीं ?

क्योंकि तुम हो

क्योंकि तुम हो—

शब्द छू पाते हैं अर्थ
धूप बिछती है सीढ़ियों पर
चिड़िया उड़ जाती है नीलिमा में
गान लेकर

क्योंकि तुम हो—
हरी पत्ती होती है लज्जारुण
ठंड में सिहरती है देह
कामना में आत्मा

क्योंकि तुम हो—
आकाश भर जाता है
बच्चों की किलक से
और पृथ्वी
फूलों और फलों से

क्योंकि तुम हो—

प्रतीक्षा में प्रेम में

मैं तुम्हारी प्रतीक्षा करता हूँ प्रेम में
प्रेम तुम्हारी प्रतीक्षा करता है मुझ में

सुखद सूर्य
ओस और आँसू से भींगी हरी दूब
भोर से ही सक्रिय पक्षी
तुम्हारी प्रतीक्षा करते हैं

पृथ्वी
आकाश
मैं
प्रतीक्षा के ही नाम हैं
प्रेम में

प्रतीक्षा करती है प्रेम
प्रेम करता है प्रतीक्षा
मैं प्रेम करता हूँ
और प्रतीक्षा ।

थोड़ी-सी

अपने पास
थोड़ी-सी जगह दे दो—
जरा-सी जगह
जहाँ मैं ये शब्द रख सकूँ
भले ही ये सूखे फूलों और पत्तियों-जैसे
लग रहे हैं ।

तुम रहो धूप में,
हरियाली में,
अपने यौवन के वैभव में,
मुझे थोड़ा-सा स्थान दे दो
जहाँ मैं अपनी कामना
चित्रित कर सकूँ ।

तुम हरी घास हो
मैं उड़ती हुई ओस—
मुझे एक जरा-सी नोक दे दो
जहाँ मैं विलीन होने के पहले
ठहर सकूँ ।

वह नहीं कहती

उसने कहा
उसके पास एक छोटा-सा हृदय है

जैसे धूप कहे
उसके पास थोड़ी-सी रौशनी है

आग कहे
उसके पास थोड़ी-सी गरमराहट—

धूप नहीं कहती उसके पास अंतरिक्ष है
आग नहीं कहती उसके पास लपटें
वह नहीं कहती उसके पास देह ।

होने से रूपाभ

कोई नहीं है रंग
सिर्फ़ आभा है
जिसे कभी-कभी
वह
बिना छुए भी
बदल देती है रंग में—

कोई नहीं है आभा
सिर्फ़ रंग है
जिसे [illegible]-तब
वह
सिर्फ़ अपने होने से
कर देती है रूपाभ ।

ईब के किनारे

ईब के किनारे
वह थी ।
उसका अप्रतिहत लावण्य था ।

ईब का पानी न उसे जानता था
और न उस लालची आकाश को जो
उस पर झुका था ।

ईब के किनारे लोग थे
अनजान लेकिन व्यस्त ।

रेत पर चट्टानों के नीचे
रेंगते कीड़े-मकोड़ों का मनोरम संसार था

मैंने पहली बार नाम सुना ईब का
मैंने नहीं देखा ईब को
फिर भी पाया
ईब के किनारे वह ईब थी
बिना ईब के जाने ।

प्रणय या प्रणति

अपने श्यामल वैभव में
अपनी देह और यौवन के साथ अकेली वह
अपने ही अंगों की धूप में
तपती वह—
अब जब हँसी से
लज्जा से
विस्मय से झुकी है
तो किसे पता
प्रणय में या प्रणति में

सद्यःस्नाता

पानी
छूता है उसे
उसकी त्वचा के उजास को
उसके अंगों की प्रभा को—

पानी
ढलकता है उसकी
उपत्यकाओं शिखरों में से—

पानी
उसे घेरता है
चूमता है

पानी सकुचाता
लजाता गरमाता है
पानी बावरा हो जाता है

पानी के मन में
उसके तन के
अनेक संस्मरण हैं ।

शुभकामना

उदारचरित देवदारु
कहते हैं शुभ हो हिमगिरियों से—
मंगलकामना करते हैं
झरने जो नदी की ओर
बहे जाते हैं विलीन होने के लिए—

अधपकी खूबानियाँ
लदी-फँदी डालों से
करती हैं अस्फुट प्रार्थना
तितलियों और अदृश्य तोतों के सौभाग्य के लिए—

असंख्य जन्मदिनों को याद करते हुए
वनस्पतियाँ
अपनी अनगिन आवाज़ों और
रंगों से कहती हैं—
देखो संसार सुंदर है
क्योंकि तुम हो,
आकाश की तरह पवित्र,
पृथ्वी की तरह समृद्ध
अग्नि की तरह उज्ज्वल,
वायु की तरह सर्वत्र—

क्योंकि तुम हो—

अपनी अंजलि में

मैं अपनी अंजलि में उठाता हूँ पूरा संसार—
असंख्य देवता, वनस्पतियाँ, नक्षत्र,
झरने में डूबी चट्टानें,
अक्षांश और दसवीं शताब्दी—
पक्षियों में बदल गए पूर्वज
अनसुनी वंदना, बचपन में
चोरी से जमा पत्थरों-बीजों के ढेर

मैं उठाता हूँ
तारों से भरा
सौभाग्य की तरह
दिपता दिगम्बर आकाश,
शस्य श्यामल पृथ्वी ।
मैं अपनी अंजलि में भरता हूँ महासागर,
महाद्वीप
और पहाड़ी रास्ते पर चाय की दुकान से आग—

मैं अपनी अंजलि में
फूलों की तरह धरता हूँ
चंद्रमा और सूर्य को,
मैं सरस प्रत्येक क्षण की
रिक्त अंजलि में ललककर
मौलश्री के फूल-सा निर्भर झरता हूँ—
मैं उठाता हूँ
आशीर्वाद की तरह

अहरह झरने
अंत:सलिल सरस्वती,
चबूतरे पर बच्चों की छीना-झपटी—

मैं उठाता हूँ
अपनी कविताएँ, अधूरी चिट्ठियाँ,
पुराने प्रेम, पुरातन भाषाएँ
मेले की रंगबिरंग छबियाँ
भोर का धीरे-धीरे चहकता मौन
अवसान की प्रतीक्षा में स्थिर बूढ़ा—

तुम जो शब्द से, कामना से
प्रार्थना से दूर हो—
मैं तुम्हारे सामने
निश्छल
अपनी अंजलि में उठाता हूँ
पूरा का पूरा संसार—

लज्जारुण आकाश

नदियों,
गिरिमालाओं,
स्कूल जाते बच्चों
और अनाज बीनती स्त्रियों को लाँघकर
दोपहर को एक सुनसान में बदलती हुई
आती है उसकी आवाज़—

वह कहती है हाँ
इतनी दूर से
और तुम कहते हो
इतने पास अपने
हाँ

हवा पास जाकर कहती है पत्तियों से हाँ
जल जड़ों में प्रवेश कर कहता है हाँ
एक लज्जारुण आकाश की तरह
छा जाता है स्वीकार ।

कहाँ ?

बहुत उजाला है
और उसमें एक अँधेरा कोना खोजते हैं हम
जहाँ चीखते संगीत और शोरगुल के बीच
जयजयकार के तुमुल के बीच
उसकी आवाज़ सुन सकें ।

छू सकें उसके हाथ
उसका शरीर
उसकी गरमाहट
उसका संकोच
उसकी उत्सुकता

और कहें
कि सौभाग्य यह है
उन दो वृत्तों के बीच
उन दो के बीच की गहरी आर्द्र घाटी में

जब सब थे
यहीं आसपास
तब कहाँ थीं तुम सुमुखि ?
जब कोई नहीं है आसपास
तब कहाँ हो तुम सुमुखि ?

कहाँ ?—1

दहकता गुलमोहर का फूल
कहाँ जानता है
कि उसने लगा दी है आग
हरियाली में—

चंद्रमा कहाँ देख पाता है
पुरानी बावड़ी के शांत जल में
अपना प्रतिबिम्ब—

कहाँ सुन पाता है ईश्वर
शून्य शिखर पर
अपना अनहद नाद—

वह कहाँ देख पाती है
अपने को सद्यःस्नाता ?

कहाँ ?—2

अँधेरे में
सीढ़ियों से चुपचाप उतरते हुए—

सूर्योदय के आकाश पर,
चिड़ियों-भरे नीम से पेड़ पर,
खिड़की खोलते हुए—

धूप में
सड़क पर छाता लगाए
किनारे-किनारे
दूर तक अकेले जाते हुए—

बचपन की बावड़ी के
किसी ओझल पत्थर पर
गुनगुनाते बैठे हुए—

प्रार्थना के शब्द की तरह अस्फुट,
पीपल में अकस्मात् खिल आए किसलय की तरह रक्ताभ,
अदृश्य देवताओं के अनुरक्त नेत्रों से दूर—

इस कविता ने
जो थोड़ी-सी जगह बनाई है
उसमें
या
अपने ही असूर्यम्पश्य

एकांत में ?

या वहाँ
जहाँ ओस
ओझल होने से पहले,
दूब से प्रणय निवेदन करती
हरियाली से विदा लेती है ?
वहाँ ? कहाँ ? तुम ?

पूर्णिमा

पूर्णिमा का चंद्रोदय
उसके शरीर में—
और जैसे आकाश रहता है
अपरिचित अपने नक्षत्रों से,
वह उदासीन है उस चाँदनी से
जो उससे ही झिरती हुई
छा रही है पृथ्वी पर ।

पानी में सोता है चंद्रबिम्ब
वृक्ष को घेरती है छाल
चिड़िया के चहकने से फूलता है अमलतास

वह सुंदर है
जैसे कठोर है चट्टान
जैसे परिक्रमा करती है पृथ्वी
जैसे भिगोता है पानी
जैसे उषा से दीप्त है
भोर का आकाश ।

भर गयी सुगंध

उसके शरीर में भर गयी सुगंध
जैसे आकाश में नीलिमा
और दूब में हरीतिमा—

अब आश्चर्य की तरह खुला है संसार
और एक-एक पंखुरी की तरह
खिलता मुरझाता रहेगा समय ।

देह को प्रगट करती है देह ही

जैसे वृक्ष के पास
पत्तियाँ, छाल, तना, जड़ें हैं
वैसे ही उसके पास है
उसकी अपनी धूप, अपनी आभा—
सूर्य उसे प्रगट-भर कर देता है ।

देह की दीप्ति भी इसी तरह जागती है
प्रिय स्पर्श से
देह एक वृक्ष है
दीप्ति की प्रतीक्षा में—

देह को प्रगट करती है देह ही ।

सूर्योदय

उसका आकाश भर जाता है
आभा से ऊष्मा से
रंगों से कलरव से
प्रेम सूर्योदय है शरीर का ।

आओ

आओ,
जैसे अँधेरा आता है अँधेरे के पास
जैसे जल मिलता है जल से
जैसे रौशनी घुलती है रौशनी में ।

आओ,
मुझे पहनो
जैसे वृक्ष पहनता है
छाल को
जैसे पगडंडी पहनती है
हरी घास को ।

मुझे लो
जैसे अँधेरा लेता है जड़ों को
जैसे पानी लेता है चंद्रमा को
जैसे अनंत लेता है समय को ।

हँसी से ही

हँसो
क्योंकि तुम्हारी हँसी से ही
जलद है मेघ,
चिड़िया तिनके बीनकर
बार-बार बनाती है घोंसला,
फूल देखते हैं
पत्तियों के पार दूसरे फूलों
मधुमक्खियों और आकाश को—

हँसी
नदियों के जल में
मछलियों की तरह तैरती हुई
भागी चली जाती है अगाध की ओर—

हँसी
हरीतिमा बनकर
दौड़ती है पर्वतमालाओं की गोद से
अनंत की बाँहों में—

हँसी
कुसुमित होती है
पलाश-अमलतास में,
हेमंत और वसंत में—
हँसो
कि उसी के कगार पर

प्रकाशित है तुम्हारा होना,
कि उसी से ठिठका खड़ा है
मेरा अंततः न होना—

प्रेम के लिए जगह

उसने बचपन की कुछ पतंगों को बिछाकर
बनाया रंगबिरंग बिछौना
उसने एक कोने पर सजाए
पुराने पत्र और छबियाँ
उसने गुनगुनाईं
कुछ प्रार्थनाएँ
उसने जमा किए एक तरफ
जन्म-जन्मांतरों के उपहार

उसने याद किए कई चेहरे
शहरों की कई ओझल खिड़कियाँ
कड़ी धूप में भी झुरमुट में
बचा अँधेरा
पुराभाषाओं के लुप्त शब्द

उसने अनादि से अनंत तक
प्रेम के लिए जगह बनायी ।

प्रेम के लिए जगह—1

उसने अपने प्रेम के लिए जगह बनायी

बुहारकर अलग कर दिया तारों को
सूर्य चंद्रमा को रख दिया एक तरफ
वनलताओं को हटाया
उसने पृथ्वी को झाड़ा-पोंछा
और आकाश की तहें ठीक कीं

उसने अपने प्रेम के लिए जगह बनायी ।

प्रेम के लिए जगह—2

एक सुनसान दोपहर
एक जनाकीर्ण शाम के छोर पर एकांत
लदी-फँदी बस की तीसरी सीट
—उसने प्रेम के लिए जगह बनायी !

उसने देवताओं को
बाहर ठेल दिया
और पक्षियों से अनुरोध किया कि
वे थोड़ा-सा आकाश छोड़ दें—

उसने एक बच्चे के हाथ से एक फूल छीना
और एक पत्ती से थोड़ी-सी हरीतिमा उधार ली
उसने तितली, गिलहरी और धूप के बीच
प्रेम के लिए जगह बनायी ।

कहीं और

चलो, कहीं और चलते हैं,
जहाँ समय चाँदनी-सा शीतल बिछा हो
जहाँ गाते हों पत्थर और सुनते हों पेड़
जहाँ टपकते हों शब्द मौलश्री की तरह

चलो, कहीं और चलते हैं

जहाँ पलाश अंतिम नमस्कार के बाद भी खिला हो प्रसन्न
जहाँ बच्चे खेल रहे हों गेंद की तरह नक्षत्रों से
जहाँ बारिश के बाद के कीड़ों की कतार की तरह
अनंत रेंगता हो आसपास

चलो, कहीं और चलते हैं

जहाँ प्रार्थना झरती हो नीम के बौर-सी नीरव
जहाँ पृथ्वी की परिक्रमा करता हो सूर्य
जहाँ चंद्रमा तुम्हारे उरोजों के बीच दिपता हो
जहाँ धूप मेरी अंजलि में यौवन की तरह एकत्र हो

चलो, कहीं और चलते हैं ।

वह कैसे कहेगी

वह कैसे कहेगी हाँ—
हाँ कहेंगे
उसके अनुरक्त नेत्र
उसके उदग्र-उत्सुक कुचाग्र
उसकी देह की चकित धूप
उसके आर्द्र अधर
कहेंगे हाँ—
वह कैसे कहेगी हाँ ?

सुनो

"इन यू एट एव्री मूमेंट, लाइफ़ इज़ अबाउट टु हैपन"
—अलबर्तो द' लासेर्दा

1

सुनो अपने हाथ दो
सुनो अपनी बाँह दो
सुनो अपने नयन दो
सुनो अपने होंठ दो
        सुनो यों थको मत
        पसीजो मत
        सुनो, सुनो यों ऐंठों मत

सुनो फूटो मत
धार-धार हो बहो मत
साःगर तुम हो
नदी की सीमा
जो मेरी है, गहो मत
सुनो—

सुनो जो फिर एक छोटा उदय चमकेगा
उसे नाम मैं दूँगा
कल खिलेगा तुम्हारा टहनियों पर
फूल वह,
वह सोनल शस्य तुम्हारा
उसे नाम मैं दूँगा

सुनो—
    सुनो अपने हाथ दो—

2
सुनो अगर उदय की प्रतीक्षा विफल थी
तो क्या
तुम फिर हाथ दे सकती हो
बाँह दे सकती हो
        सुनो अब भी सूखी टहनियों पर
        चमकता है वह हल्का आलोक-जल
        अब भी ठहरा हुआ है
        उत्सव-स्पर्श वह
        सुनो अगर शस्य की
        प्रतीक्षा विफल थी
        तो क्या—

जब हम प्यार करते हैं

जब हम प्यार करते हैं
तब यह नहीं कि आकाश अधिक दयालु हो आता है
या कि सड़कों पर अधिक खुशी चलने लगती है
बस यही कि कहीं किसी बच्ची को
अपनी छत से उगता सूरज
और पड़ोस की बछिया देखना अच्छा लगने लगता है
कहीं कोई भीड़ में बुदबुदाते होंठों में प्रार्थना लिये
एक जनाकीर्ण सड़क सकुशल पार कर जाता है
कहीं कोई शांत मौन जल
कंकड़ से नहीं, अपने संगीत से जगाता बैठा रहता है

जब हम प्यार करते हैं
तो दुनिया को छोटे-छोटे अंशों में सिद्ध करते हैं
और सुंदर भी, और समृद्ध भी
हम वसंत को आसानी से काट देते हैं
और उसे एक ऐसे संयोग में गढ़ देते हैं
जो न ऋतुगान होता है, न टहनियाँ और न कोई स्पष्ट आकार
न काव्य, और न फूलों-चिड़ियों का कोई सिलसिला—
हम उसे दुनिया के हाथों में फेंक देते हैं
और दुनिया जब तक उसे देखे-परखे
हम चल देते हैं
छुप जाते हैं
ऋतु में, या काव्य में, या टहनियों के आकाश में—

प्यार करते हुए सूर्य-स्मरण

जब मेरे होंठों पर
तुम्हारे होंठों की परछाइयाँ झुक आती हैं
और मेरी उँगलियाँ
तुम्हारी उँगलियों की धूप में तपने लगती हैं
तब सिर्फ़ आँखें हैं
जो प्रतीक्षा करती हैं मेरे लौटने की
उन दिनों में, जब मैं नहीं जानता था
कि दो हथेलियों के बीच एक कुसुम होता है
—सूर्यकुसुम !

जब अँधेरे दरवाजे पर खड़े होकर
तुम एक गीत अपने कंधों से
मेरी ओर उड़ा देती हो
और मैं एक पेड़ की तरह खड़ा रहता हूँ
तब सिर्फ़ आँखें हैं
जो प्रतीक्षा करती हैं मेरे लौटने की
उन दिनों में, जब मैं नहीं जानता था
कि दो चेहरों के बीच एक नदी होती है
—सूर्यनदी !

जब तुम मेरी बाँहों में
साँझ-रंग-सी डूब जाती हो
और मैं जलबिम्बों-सा उभर आता हूँ
तब सिर्फ़ आँखें हैं
जो प्रतीक्षा करती हैं मेरे लौटने की

उन दिनों में, जब मैं नहीं जानता था
कि दो देहों के बीच एक आकाश होता है
—सूर्यआकाश !

खुल गया है द्वार एक

जबसे तुमने अँधेरी उत्सुक देहों को
एक उज्ज्वल गुम्फन में कुसुमित होने दिया है
खुल गया है द्वार एक भविष्य में—
जब किसी उत्तेजना की धूप में
ठहर जाते हैं हमारे हाथ
हम उस द्वार को छू लेने को बढ़ रहे होते हैं;
और जब तृप्त होते हैं
किसी आत्मीय आकाश में दीप्त होकर हमारे चेहरे
तब तुम्हारी बाँह
एक खुलता-खुलता पथ है
जो उस द्वार तक जाता है
और मेरा हृदय उस पर झपकता हुआ
एक नीला तारा
जो धीरे-धीरे गाता है—

कुछ नहीं हुआ

कुछ नहीं हुआ
जब स्वीकार हुआ ।

सब कुछ रुक गया—
ढलकने के पहले आँसू
अथाह संगीत की झिझक
और लोगों के शोरगुल में फँसे
शब्द—
सब कुछ रुक गया
उसे होने देने के लिए

जब वह हुआ
कुछ नहीं हुआ
सिवाय उसके ।

समय बहता रहा अविरल
नक्षत्रों का आलोक
दिगंतों के पार रहा सम्पुंजित
वनस्पतियाँ अपने हरे स्पंदन में
वैसी ही रहीं उदग्र ।

कुछ नहीं हुआ
जो किसी और ने जाना हो ।
जो था हुआ
जो नहीं था हुआ

जो हुआ
वह कुछ नहीं था
सिवाय स्वीकार के—

उसके बाद

वही प्राचीन दैनंदिन आकाश
अपने नक्षत्रों से भरा हुआ और
अनदेखा—

वही धूप में हवा में
हिलती पत्तियाँ और
गूँजता हुआ अक्षय वन—
अनसुना

वही अनगिन आवाज़ें
चिड़ियों की तरह
अचानक
इधर-उधर से आती हुई

वही थोड़ी-सी जगह
केलि के बाद
उदासीन और अलसायी

भूले हुए वस्त्र की तरह
विपर्यस्त कुछ शब्द

कुछ लोग
हमेशा की तरह परेशान,
इससे बिलकुल अनजान
कि कुछ सुंदर घटकर

बीत गया

बिलकुल पहली बार
बिलकुल आखिरी बार ।

तुम आ रहे हो

तुम आ रहे हो जिस पथ
उस पर मैं आ रहा हूँ
भागकर
तुम्हारी अगवानी करने—

आकाश से कुछ उसके
नक्षत्र उधार लेकर,
पृथ्वी से छीनकर
उसकी कुछ पुष्पमालाएँ—
महामौन से बीनकर कुछ शब्द
कुछ दूब, कुछ बादल, कुछ धूप
कुछ पंख और अक्षत लेकर

पर तुम आ रहे हो
तो जैसे हरेक दिशा से
आभा आ रही है—
जैसे आकाश तुम्हारे कंधे पर
वस्त्र की तरह पड़ा है—
कि नूपुरों की तरह
बँधे हैं फूल और नक्षत्र
तुम्हारे चरणों—

मैं विजड़ित और खाली हाथ खड़ा हूँ
क्योंकि तुम आ रहे हो
वरदान की तरह

आशीर्वाद की तरह
सौभाग्य की तरह
तुम आ रहे हो—

एक वसंत की तरह

मैं जो
कुछ नए फूल, सफेद बादल
और उजली धूप देता हूँ
तो कहीं लिखा नहीं जाएगा
कि मैंने ये तुम्हें दिए थे
और तुमने एक वसंत की तरह
इन्हें स्वीकार कर लिया था :
दिन और वर्ष सब झर जाएँगे
और ढँक लेंगे उस राह को
जिस पर तुम्हारे अंगों से
गिर पड़े थे फूल,
फिसल गया था बादल,
और उझक पड़ी थी धूप,
तो कहीं लिखा नहीं जाएगा कि
मैं उन्हें बटोर लाया था
पतझर के पहले पत्तों-सा
और फिर देख सका था तुम्हें
उनसे सजा-सँवरा
एक वसंत की तरह—

क्या उसने वही कहा

क्या उसने वही कहा
जो उसके शरीर ने ?
क्या उसके शरीर ने कुछ कहा ?

क्या उस गहरे आर्द्र कुसुम ने वही कहा
जो उसके नेत्रों ने ?

क्या तुम्हारे पास
बेधता-चीरता-भरता-मथता
उत्तर है ?

मैंने उसे छुआ

मैंने उसे छुआ
जैसे आकाश को छुआ
जैसे उसके एक नक्षत्र को
उसकी उँगली में अँगूठी की तरह पहना दिया ।

जैसे अँधेरा मेरे पास आया बताने
देखो वह एक दीपशिखा है
जैसे हवा ने पहचाना उसका रंग—उसकी आभा ।

मैंने सौभाग्य से कहा
वह मेरी बाँहों के घेरे में नहीं है
दूर है पर साथ खड़ी है ।

मैंने उसे छुआ
जैसे आकाश को नक्षत्र को
अँधेरे को आभा को
सौभाग्य को छुआ ।

वह खोलेगी

वह खोलेगी दरवाज़ा
उसके पीछे का कमरा
उसकी दीवारें, पुस्तकें,
कलाकृतियाँ,
रौशनी, बरामदा और धूप
उसकी हवा

वह खोलेगी
अनंत में एक खिड़की

वह टाँकेगी
सुनसान में
एक ज्वलंत पुष्प

वह लोक लेगी
पृथ्वी को
अपने हाथों में

वह खोलेगी
आकाश को
पृथ्वी को
अंतरिक्ष को
अपने को
मुझे
जैसे सब दरवाज़े हैं

उस पर
उस तक जाने
और ठहरने के लिए ।

चंद्रलिखित

हरे को दीप्त करता है वसंती
वसंती को दुलारकर
थामे है हरा
हरे और वसंती में लज्जारुण
दमकती वह चंद्रलिखित-सी ।

नीलाकाश में अकेली

अपने नीलाकाश में
अकेली वह
        शब्दों से नहाती
पहनती है
इच्छा को
वस्त्र-सा
सोचती है
यौवन जल है
अंजलि का
वह ज्यों माँगे
त्यों देना है ।

अंगीकार

जब वह अपने होंठों पर
चुम्बन की प्रतीक्षा कर रही थी
वसंत ने चुना स्पर्श के लिए
उसके बायें कुचाग्र को

जब वह अन्यमनस्क थी
उसके आर्द्र अँधेरे में प्रवेश किया
एक धधकते पुष्प की तरह
वसंत ने

जब वह अपने लावण्य में
परिपक्व थी
उसके बखान में
ठिठका रह गया
एक शब्द की तरह
वसंत

स्वीकार के बाद
चकित वसंत ने
उसे किया बहुधा अंगीकार ।

सिर्फ़ मुझे नहीं

तुमने सिर्फ़ मुझे नहीं
तुमने चूमा
मेरे स्पंदित तार-मंद्र जीवन को
सुदूर बचपन को
सभी प्रेमों को
प्राचीन जन्मकथा को
विस्मृत जन्मान्तरों को—
अंतःसलिल दुखों और सुकुमार सुखों को :

तुमने छुआ
सिर्फ़ मेरे होंठों या हाथों-भर को नहीं
तुमने छुआ
मेरे जन्म की अँधेरी कंदरा में
अकस्मात् छा गई प्रभा को
कविताओं में भटकते आदिशब्द की व्यथा को—

तुमने
सिर्फ़ तुमने
तुम्हीं ने—

ओस-भींगना

उसके देह के चंद्रोदय में
ओस-भींगना है—

अचानक

जब वह क्षण आया तो बिलकुल अचानक । जिनके जीवन में वह आया उन्हें स्वयं इस अकस्मात् की कोई आशा नहीं थी । उस हरे-भरेपन में उस प्रस्फुटन का अवसर यों तो हो सकता था । पर होगा यह किसी ने नहीं सोचा था । शायद उस क्षण को भी पता नहीं था कि अपनी सहज लय से उसे उस मुकाम तक पहुँचना होगा । निम्ननाभि था वह क्षण, पर यों कहीं नहीं था । उस शरीर से उस दूसरे शरीर के उस रसविभोर स्पर्श में उसकी सम्भावना हुई । यों वह बीत गया पर जैसे आकाशगंगा में लोप हो जाने के बाद भी नक्षत्र कहीं-न-कहीं बना रहता है, वह भी बना रहा । उसे सिर्फ़ वे जानते और देख पाते हैं जिनके जीवन में वह विस्मय की तरह घटा था । चुम्बन का वह पहला क्षण और उसका आर्द्र स्पंदन तिरोहित नहीं हुए वे लय हो गए जिसे प्रायः, नीरव ही, उनके शरीर गाते रहते हैं ।

सुख ने अपनी जगह बदली

जहाँ-जहाँ सुख है
उसके तन में
उसके मन में
वहाँ-वहाँ
उसने उसे छुआ ।

अपने अंगों से
अपनी देह से
अपने शब्दों से
अपने मन से ।

छूने में सुख था
छुए जाने में सुख था
नहीं था अनछुए रहने
रहने देने में—
सुख ने अपनी जगह बदली
फिर भी वहीं रहा
जहाँ पहले था—
तन में, मन में ।

एकादशी

1
पूछता है एक
दूसरे से—
क्यों तुम्हारा ही
स्पर्श और मर्दन क्यों ?
लज्जारुण पृच्छा
स्पंदित हुई पूरी देह में ।
वाम था मैं—
धीरे-से फुसफुसाया एक,
दूसरे ने कहा—
दक्षिण हूँ मैं वामा का ही !

2
छुआ गया अंग एक
पर लजाया
रोमांचित हुआ दूसरा,
तीसरा
मन ही मन द्रवित हुआ,
अपने ही भार से
तन-सा गया चौथा,
पाँचवें ने जाना
पर अबोध रहा
छुआ गया एक ही—

3
अँधेरे में कसमसाते हुए
फिर प्रफुल्ल होकर
सिर उठाकर
उदग्र
कुसुम खोजता है
बँधने और मरने को
वह रहस्य में ढँका
अँधेरा आर्द्र कुसुम ?

4
अपनी ही गझिन झाड़ी से ढँका
अपने ही रस से द्रवित
वह रहस्यफूल
अनजाने भी
प्रतीक्षा करता है
बिंधने-भरे जाने की
किसी ज्वलंत पुष्प से ।

5
वह शरीर का आर्द्र अदृश्य स्वप्न है
वह विकल अँधेरा है
वह द्रवित ज्योति है
वह सुख की दरार है
देहरी है तृप्ति की
वह अर्द्धचंद्र है केलि की ।

6
उस पर नहीं गिरती चाँदनी
अपने ही अँधेरे से घिरी
उसके आर्द्र व्योम में
दमकती है

उसकी ही कोजागरी ।

7

फिर बेंध लेना मथ देना भर लेना
अपने उस उदग्र हठी पुष्प से—
अभी तो मुझे
चम्पक से पारिजात से
जूही-चमेली-मौलश्री से सजाओ
क्या फूलों से फूल को नहीं सजाते ?

8

फूल जब फूल को
समो लेगा
तो फिर ये फूल कहाँ झर जाएँगे ?

9

नेत्र भरे हैं
स्वप्न और प्रियदर्शन से
उरोज
यौवन से
सघन जंघाएँ
रसलालित्य से
मैं कब कैसे भरी जाऊँगी ?
या ऐसी ही रही आऊँगी
अपने रसभरी ?

10

मैं नहीं जान पाती
क्या लपक-झपक होती है
पर वह फिर
ढीठ कुसुम
कभी ऊपर से, कभी नीचे से

कभी न जाने कहाँ से अचानक आकर
मुझे गह ही लेता है ।

11
अपने अँधेरे में
उसके अँधेरे में
मैं कसमसाते हुए
पानी-पानी होते हुए
कहूँ भी
हाँ
तो उसे कैसे दे सुनाई ?
यह उज्ज्वल स्वीकार
कैसे दे दिखाई ?

केलि

मैं बिछाता हूँ धरती का हरा बिछौना
मैं खींचता हूँ आकाश की नीली चादर
मैं सूर्य और चंद्रमा के दो तकिये सम्हालता हूँ
मैं घास के कपड़े हटाता हूँ
मैं तुमसे केलि करता हूँ ।

पत्थर से केलि करता है पत्थर

(खजुराहो में)

पत्थर चूमता है
पत्थर को

पत्थर को बाँहों में भींचता है
पत्थर

पत्थर भरता है पत्थर को—

पत्थर करता है मर्दन
पत्थर का

पत्थर होता है उत्तेजित
पत्थर देखता है मुग्ध
पत्थर देता है निमंत्रण
पत्थर को

पत्थर उठाता है भुजाएँ
पत्थर तोड़ता है जंघाएँ
पत्थर कुसुमित होता है उरोज में

पत्थर काँपता है
पत्थर पसीजता है
पत्थर धार-धार बहता है
पत्थर करता है

पवित्र
पत्थर को

पत्थर से केलि करता है पत्थर ।

वहीं से

वहीं से लौटना होगा घर
वहीं से फूटेगी ईब
वहीं से होगा एक शुभारम्भ ।
वहीं से
कारीगर गारे से भरेगा दरारें
वहीं से जलघास टटोलेगी अतल
वहीं से वह करेगी स्वीकार ।

तुम

धरती को बारिश
अपनी असंख्य उँगलियों से
गुदगुदाती है
और उसके इतने सारे
हरे रोएँ खड़े हो जाते हैं—

तुम
मुझे छुओ
मुझे जगाओ
तुम मुझे भिंगोओ

तुम जो एक निश्छल आकाश हो
इतने मेघाच्छन्न होने के बावजूद अकलंक—
तुम जो पवित्र हो
एक बच्चे की अबोध प्रार्थना की तरह—

तुम
धरती ।
तुम
बारिश ।
तुम
हरियाली ।

वह दिगम्बरा आकाश की शैया पर

वह दिगम्बरा आकाश की शैया पर

उसकी कंचुकी उतारकर
ले गया है चंद्रमा
उसका अधोवस्त्र
हर ले गया सूर्य
उसके अनावृत्त उरोज
दिपते हैं ताराओं से

उसे लेता है
हरी दूब की सौंधी गंध से
महकता अँधेरा

उसे बेधता है
ताजे दूध की तरह धारोष्ण आलोक

वह दिगम्बरा आकाश की शैया पर. . .

वहीं है वसंत

वहीं है वसंत
जहाँ चूमकर टाँक गई वह
पुष्प एक अनंत ।

जैसे वही

वह आ रही है
जैसे आ रही है
तपते हुए दिन की शीतलती वर्षा

जैसे आ रही है
नदी-जल में पर्वत की स्वप्न-छाया

जैसे चट्टान के नीचे
गूँजने लगी है दूब की हरी गुनगुनाहट

वह आ रही है

जैसे खिड़की से अंदर आ रहा है
प्रसन्न आकाश—
जैसे एक गिलहरी उठा रही है
सारी की सारी वनगंध

वह आ रही है

जैसे वही आ रही है—

उसे रात चाहिये

सुबह और दोपहर के बाद
उसे रात चाहिये

चंद्रमा, नक्षत्रों और अँधेरों से घिरी
अपने गहरे-आर्द्र रहस्य को छुपाये
रात

एक प्राचीन कामना से
ज्वलंत और दीप्त रात

रात
जो उसे खोलेगी
आकाश की तरह अनंत
धरती की तरह उत्सुक

रात जो बनेगी
उस पर झुका एक दिगम्बर पुरुष
रात जो काली घासों की तरह ढँक लेगी

रात जो आयेगी
और फिर आयेगी नहीं

रात जो उसे अंगीकार करेगी
मथेगी-भेदेगी

रात जो सुबह होगी
जो दोपहर होगी
रात जो रात होगी
और नहीं होगी ।

हाथ—1

यह सुख भी असह्य हो जाएगा
यह पूरे संसार का
जैसे एक फूल में सिमटकर
हाथ में आ जाना
यह एक तिनके का उड़ना
घोंसले का सपना बनकर
आकाश में

यह अँधेरे में
हाथ का हाथ में आकर
बरजना, झिझकना और
छूट जाना
यह एक रौशन-सी जगह का कौंधना
और खो जाना
एक दिन
यह सुख भी असह्य हो जाएगा ।

हाथ—2

मैं सब कुछ वैसे ही रखूँगा—
मेज़ पर पुस्तकें,
देर बाद लगने वाली प्यास के लिए
एक गिलास में थोड़ा-सा पानी,
अपनी दुखती दायीं एड़ी को
दबाने के लिए उस पर अपना हाथ ।

शरद के आकाश में एक अर्द्धचंद्र,
अँधेरे के वृक्ष पर फूलों और फलों की तरह
कुछ जुगनू और कुछ नक्षत्र
और अपने अथाह मौन की रौशनी में
कुछ अँधेरे शब्द ।

तुम्हारे हाथ के झिझकते स्पर्श से
तपते हुए
मैं अपने संसार में
सब कुछ वैसे ही रखूँगा
सिर्फ़ वह हाथ
जहाँ भी रखा जाएगा
वहाँ तुम्हारे हाथ की आँच की ही सरहद होगी ।

हाथ—3

उसके हाथ की गुनगुनी धूप
उसके हाथ का झिझकता अँधेरा

उसके हाथ फूलों की तरह
ओस-भींगे और शांत
उसके हाथ पक्षियों की तरह
भाग जाने को विकल

उसके हाथ अकेले
उसके हाथ डूबे हुए स्वप्न में
उसके हाथ
करते हैं प्रतीक्षा
हाथों की ।

अलग-साथ समय

उसका समय
मेरे समय से अलग है—
जैसे उसका बचपन, उसकी गुड़ियाँ-चिड़ियाँ
यौवन आने की उसकी पहली सलज्ज पहचान अलग है ।

उसकी आयु,
उसके एकांत में उसका प्रस्फुटन,
उसकी इच्छाओं का सरस वसंत
और उसके बिस्तर के पास
उठने की घंटी बजाती घड़ी
उसका समय अलग है ।

उसकी ऊब की दोपहर,
बारिश में भींगता
उसके दरवाज़े के पास का वृक्ष,
आकाश पर नहीं पड़ोस की दीवार पर खुलती
उसकी खिड़की का समय अलग है ।

अपने समय को वह फ़र्श पर बिछाती है
आँचल की तरह कसती है अपने शरीर से
घुँघरू की तरह अपने पैरों से बाँधती है ।

अपने समय से मैं उसे पुकारता हूँ
अपने समय से वह मुझे बुलाती है
हमारा समय अलग है और साथ है ।

वही तो नहीं रहने देगा

प्रेम वही तो नहीं रहने देगा
उसके शरीर की लय को,
उसके लावण्य की आभा को
उसके नेत्रों के क्षितिज ताकते एकांत को ?
प्रेम उसे बहुत हल्के से छुएगा
जैसे हवा छूती है
उषा में जागते पलाश के फूल को
जैसे रात देर गये
चूमती हैं ओस की बूँदें
घास की हरी नोक को ।

वह आश्चर्य से देखेगी
अपने बदलते हुए आसपास को
चीज़ों की आपसी कानाफूसी
और उनके बीच दबी-छुपी हँसी को—
धीरे-धीरे तपेगी उसकी देह
सुख की हल्की आँच में—
प्रेम उसके पास आयेगा
नींद की तरह, सपने की तरह
फूलों और चिड़ियों की तरह
गरमाहट-भरे संग-साथ की तरह
जाड़ों में गरम रोटी और दूध
की तरह—
प्रेम वही तो नहीं छोड़ेगा
उसे ।

प्रेम वही तो नहीं रहने देगा
उसके अकेलेपन को
भर देगा गुनगुनाहट और हरियाली से
अबोध रूपगर्व से—
उसे—

उसकी जगह शब्द

मैंने सोचा उसके अब वहाँ न होने से जो खाली पर उससे अभी भी स्पंदित जगह बची है वहाँ कुछ शब्द रख दूँ । मुझे डर था कि थोड़ी-सी देर बाद वह जगह उसे भूल जायेगी और हवा में सुगंध की तरह बचा हुआ उसके होने का वह स्पंदन शांत हो जायेगा । वह जगह फिर पहले की तरह खाली हो जायेगी—उसे अपने कुछ देर के लिए उसकी उपस्थिति, उसके होने की आभा से भरे जाने की याद नहीं रहेगी । पता नहीं वह इस जगह को याद रखेगी या नहीं । पता नहीं इस जगह की याद में वह बची रहेगी कि नहीं । पर जगह पर शब्द कहाँ रखे जायेंगे ? वे भी तो रहेंगे याद में ही । जगह को याद में रखे शब्द उससे जोड़ेंगे और फिर स्पंदित होकर स्वयं भी ओझल हो जायेंगे । शब्दों के बाद वह न वह बचेगी, न जगह, न स्पंदन । जो बचेगा उसके लिए शब्द कहाँ ?

एक लम्बी-अधूरी प्रेम कविता

1
जैसे सुंदर की उकसाहट है
जैसे लावण्य की ऊब है
जैसे चकित नेत्र सुख नहीं
भय का अँधेरा खोज रहे हों

2
वह आती है
पल-भर के लिए
निराशा के लम्बे-अँधेरे बरामदे पार करती हुई
सम्भावना के झरोखे पर
और इसके पहले कि कोई उसे आँख-भर देख भी सके
वह फिर अँधेरे के उस अभेद्य प्रासाद में लौट जाती है

3
चूँकि एक दिन इच्छा-भर नहीं मिलेगा
चूँकि एक दिन मनभाये को पुकार नहीं सकेगी
चूँकि एक दिन सब कुछ अनावश्यक पाथेय की तरह
पीछे छूट जाएगा
वह सुख से इतनी झिझकती क्यों है ?
भरेपूरेपन को इतना बरजती क्यों है ?
अपने हाथ अभी से खाली क्यों रखे है ?

4
क्या-कुछ लौटता है उसके पास
बार-बार ?

बचपन, अपनी गुड़ियों के साथ
और सड़कों के कई मोड़ घूमती लड़कपन की साइकिल
और यौवन के विश्वासघात ?
लौटती है बालस्वप्न की रंगीनी
आश्वस्ति की छाँह और प्रेम की, केलि की
आँच का अनकहा सुख भी ?

5

सूर्योदय एक बार नहीं होता
डूबता नहीं चंद्रमा एक ही बार
अँधेरे में
पतझरे पेड़ पर फिर आते हैं किसलय
हम सब कुछ फिर एक बार करते हैं
धूप में, अँधेरे में, वृक्ष की हरीतिमा में—

6

अकेलेपन से डर लगता है,
डर लगता है
डार से बिछुड़ने पर,
डर लगता है दूसरों जैसा न हो पाने से,
डर लगता है अपने एकांत को ही घर मानने से,
डर लगता है अँधेरे-उजाले के बीच काँपते अवकाश में
लगातार रहने से,
डर लगता है दुनिया और लोगों पर
दरवाज़ा बंद करने से,
डर लगता है
सिर्फ़ प्रेम के सहारे जीवन काट देने से—

7

यह कगार पर पहुँचकर ठिठकना
यह झिझक
यह अपने को रोकना

14
अभी सिर्फ़ सिर के बालों तक और
कभी-कभार चेहरे तक पहुँची है आयु
पर बीत रहा है समय
आयु और अवसर—
क्या है जो इस भरे वसंत में
सुमन भर लेने से रोक रहा है .?
आयु के प्याले में
प्रेम के और कितना गाढ़ा और पका होने की
प्रतीक्षा है ?

15
यह हल्की-सी क्रूरता क्या
वहीं से निकलती है
जहाँ से वह अपार-अचूक कोमलता ?

16
जहाँ हाँ है
वहीं कहीं नहीं क्यों है ?
हाँ के घर में दुबका-सा बैठा
यह नहीं कहाँ से आ गया है
जो एकदम से चौकन्ना होकर
सामने अड़ जाता है ?
हाँ के समय को
यों ही बीतने दे रहा है नहीं—

17
यह जो पिघल रहा है हिम-शिखर नहीं
जो तप रहा है मार्तंड नहीं
अपनी आर्द्रता से घिरा है
सागर नहीं

18
लुनाई,
सलोनापन,
छबीली और ऐंद्रिय उपस्थिति,
आँखों में हैरानी और रहस्यमयी गहराई
चुम्बन-पटु होंठ
सब कुछ को आलिंगन में घेरकर
पीठ पर रुके हुए हाथ,
केलि करते हाथ से
किसी जागे-उत्तप्त को छूते-न छूते,
अपनी ही छटा में सम्पुष्ट उरोज,
छुई जाकर भी अनछुई-अनदेखी काली घासें,
अपनी ही लय और दीप्ति में
अपनी ही कोमल सकलता में
संयमित शरीर

19
उरोजों के बीच लगभग अदृश्य पर जगमगाते सम्पुट में
चम्पा का फूल—
प्रसन्न युग्म के बीच किंचित् हँसी-सा
फूलों पर जैसे फूल की ही छाया—
श्रुति की तरह
जिसका न हो सके बखान ।

20
रूप की दीपशिखा
कोमलता की लपक
लावण्य की द्युति
सुषमा का निकेत
पवित्रता की सुगंध
कामना की लपक
प्रार्थना की व्याप्ति

रस की परिपक्वता
अनश्वरता का आश्वासन

21
प्रार्थना में भी न झुकने वाला माथा
धूमिल दृष्टि को भी स्पष्ट दिखती छवि
शब्दों का आश्रय
व्यथा और अकेलेपन का शरण्य
हाथों की खोज हाथ
संसार का अर्थ
होने का रहस्य
सुख का आश्चर्य
तृप्ति का चरम
अपनी लय में विलय
अपने शब्द में मौन
अपनी मुद्राओं में अव्यक्त
प्रथमत: और अंतत: शब्दातीत
जब तक चंद्र और दिवाकर
तब तक उसकी पृथ्वी पर छाया है—

दुःख तेरे होने का

आत्मसमर्पण के क्षण में
जब तू फूट-फूटकर रो उठती है
अपनी करुणा से घिरकर
—तो जानती है मुझे क्या देती हैं तेरी आँखें
तेरे अनावृत्त उरोज और सिहरता कनकतन :
एक दुःख तेरे होने का,
और होकर प्यार करने का,
और प्यार कर समर्पित हो जाने का ।
फिर मैं तुझे कामना से नहीं देख पाता
क्योंकि आँसुओं में डूबकर तू इतनी अधिक मेरी हो जाती है
कि मुझे सुंदर और अस्पृष्ट और अक्षत लगने लगता है
मेरी बाँहों में समाया तेरा बचपन
जिसमें तू रोती है
और जो दुःख देता है
        तेरे होने का—

मुझे घृणा करने दो

यों ही चुप रहो,
और मुझे घृणा करने दो—
हरेक बस को पछियाती चली जाती है एक और बस
एक काले चाँद तक
अँधेरी गलियों में पवित्र प्रकाश की तरह
टिमटिमाती है मृत्यु;
नगर धड़कता है डूबते हृदय-सा,
यों ही चुप रहो
और मुझे घृणा करने दो—
गुर्राहट है, चीख है, शोर है
वह जो कभी संगीत था युवा अधरों पर,
चेहरे बनने की करुण चेष्टा में बिखरा
चीज़ों का एक विषम ढेर है,
यों ही चुप रहो
और मुझे घृणा करने दो—
मौन के आभामय आकाश में
यों ही रहो, प्यार से पीड़ित
अपनी कामना में ज्वलंत,
और मुझे टूटी हुई सीढ़ियों
छप्परहीन मकानों
और सड़े हुए पेड़ों में से
अपनी घृणा में गुजरने दो :
हवा में एक विषाक्त धुआँ है
मुझे घृणा करने दो

खोजने दो हाथ वे
जीवन की पवित्र आग
जिनमें—
अब भी काँपती हुई शेष है
यों ही चुप रहो, घृणा करने दो
लौटने दो फिर तुम तक
तब तुम्हारे अबोध हाथ
उस आग को थामे होंगे—

यों ही चुप रहो
और मुझे घृणा करने दो—

उपरांत

1

हार के बाद भी
बचे हुए हैं शब्द
जो उम्मीद में
खिले हुए थे
फूलों की तरह—

2

अचानक वह जगह
जो धड़क रही थी
जाग रही थी
गा रही थी
एक पीली पत्ती की तरह
झरकर
जैसे खो गई
अंतरिक्ष में—

3

सब कुछ वैसा ही रहा
अस्वीकार के बाद
पृथ्वी, आकाश, वनसम्पदा
और वह स्वयं भी
वैसी ही शांत, स्थिर और सुंदर
कुछ टूटा अकस्मात्—किसी ने आवाज़ नहीं सुनी,
कुछ बिखरा अचानक—किसी ने नहीं देखा,

कुछ ओझल हो गया—किसी ने ध्यान नहीं दिया ।
उसने भी नहीं,
अस्वीकार के बाद ।

आयु का आश्चर्य

आयु छुएगी
उसके चेहरे को
और चुपके से उसके लम्बे बालों में से
एक को सफ़ेद कर जाएगी—

उसकी बिंदिया के पास के तिल को और काला
गरदन के तिल को कुछ हल्का
पर अछूता छोड़ जाएगी
उसके शरीर को—

थोड़ा और कत्थई कर जाएगी
उसके कुचाग्रों को,
उसके नितम्बों के वृत्तों को
थोड़ा-सा वक्र,
उसके रहस्य को
थोड़ा-सा गहरा—

उसकी पीठ पर
उकसाने वाला हाथ धरेगी
और धीरे-से वापस खींच लेगी ।

प्रेम और राग के पहले
आयेगी उसे छूने आयु
और परिपक्व-युवा
छोड़

स्वयं चकित हो
आश्चर्य की तरह
उसके शरीर में समा जायेगी
और फिर बहुत देर तक नज़र नहीं आयेगी ।

हो सकता है

हो सकता है
भरी दोपहरी में मैं आऊँ—
खाली हाथ,
एक झोले में
कुछ अधजले सपने,
कुछ कभी न मिल पाने वाले ठिकानों के पते,
बहुत सारी चुप्पी और
थोड़े से शब्द लेकर—

अंत के पहले का विषाद भी बाकी नहीं होगा ।
और न ही बचे होंगे
एक-एक कर छूटते गये सहारे ।
बची नहीं होगी धीरज की धीरे-धीरे
बुझने वाली लौ,
बहुत सारा अँधेरा
और उजाले का आखिरी निराश
उपहार लिये
मैं आऊँगा
तुम्हारे ही चौबारे—

यों तो

यों तो खाली हाथ ही आया हूँ
पर अपने साथ लाया हूँ
अनेक अदृश्य जन्मांतर,
घोंसले में प्रतीक्षा करती
चिड़िया की आँखों की चमक,
खंडहरों में सदियों से गूँजते हुए
अँधेरे—

यों तो खाली हाथ आया हूँ
पर साथ ही आया है
आशा का एक जगमगाता महाद्वीप
धधकते मार्तंड की धूप के बगल में
अधगीत को गुनगुनाती हुई चाँदनी
और बरसात के ठीक बाद
वनराजि की हरीतिमा में
धीरे से खिलता एक शब्द—

मैं आया हूँ
जैसे आराधना के बीच जलती हुई दीपशिखा
जैसे थकी यात्रा में अप्रत्याशित पाथेय
जैसे सदियों से भटकती, ठौर पर
पहुँचती एक पुकार—

विदा

तुम चले जाओगे
पर थोड़ा-सा यहाँ भी रह जाओगे

जैसे रह जाती है
पहली बारिश के बाद
हवा में धरती की सौंधी-सी गंध
भोर के उजास में
थोड़ा-सा चंद्रमा
खंडहर हो रहे मंदिर में
अनसुनी प्राचीन नूपुरों की झंकार

तुम चले जाओगे
पर थोड़ी-सी हँसी
आँखों की थोड़ी-सी चमक
हाथ की बनी थोड़ी-सी काफ़ी
यहीं रह जायेंगे
प्रेम के इस सुनसान में

तुम चले जाओगे
पर मेरे पास
रह जायेगी
प्रार्थना की तरह पवित्र
और सदय
तुम्हारी उपस्थिति
छंद की तरह गूँजता

तुम्हारे पास होने का अहसास
तुम चले जाओगे
और थोड़ा-सा यहीं रह जाओगे ।

खोया हुआ प्यार

जैसे वृक्ष
अपनी पत्तियों के झुरमुट में
अकस्मात् पाये
एक कोमल रक्ताभ किसलय
हरे के पड़ोस में
धीरे-धीरे पनपता

उसने कहा
खोया हुआ
बचा-खुचा प्यार
फिर आ गया है उसके पास

अकस्मात् को छूती नहीं है हवा
अचानक को देखता नहीं आकाश ।

सिर्फ़ वृक्ष गुनगुनाता है
एक हठीला शब्द
जो गूँजता है
उसकी शिराओं में
पुष्पित होता है अंतरिक्ष में ।

प्यार लौटेगा
जैसे अचानक बारिश,
भीड़ में दोस्त की आवाज़,
खेत में मिली एक पुरामूर्ति ।

वह लौट आई है

वह लौट आई है
हवा ने देखा
और एक हरी पत्ती के
कान में गुनगुना दिया
पत्ती से ख़बर लगी
वृक्ष को
और अँधेरे में
फूल टटोलती जड़ों को
सारी पृथ्वी
प्रफुल्ल हुई
और उसे ओस-बूँद
की तरह ढाँप लिया आकाश ने
आत्मा की एक अनंत चट्टान पर
एक अदृश्य पक्षी की तरह
अविचल वह बैठी है
लौटकर—
और हवा अब उससे बेख़बर है ।

हाँ पर कहाँ ?

उसने कहा हाँ पर कहाँ
उसने संगीत और रौशनी और चाहत से घिरे हुए कहा
उसने जब कहा जो सिवाय उसके
सुना देवताओं ने भी
जो पृथ्वी की उसके हाल पर छोड़ चुके हैं
किसी मरुथल में बनती-बिगड़ती पगथलियों ने सुना,
पानी के पड़ोस में गझिन हो आई वनस्पति ने सुना,
सुना संयत बैठे प्राचीन कवियों ने,
विपथगा होने से अपनी गाड़ी को बचाते हुए संत ने सुना ।

सुना आँसुओं ने हँसी ने उदासी ने,
सुना विन्यास से भटके शब्दों ने,
सुना कंदरा में सदियों से बसे मौन ने ।

सभी हुए चकित जैसे कि वह भी
सभी ने थोड़ी-सी जगह तलाशने की सोची जैसे कि उसने
सभी ने बनाया—
प्राचीन पद्यों, अनुरक्त उजाले और
भरोसे के धुँधलके में
केलि के लिए स्पंदित भूगोल ।

उसने धीरे से कहा—
यहीं यहाँ,
जहाँ तुमने कहा
हाँ, पर कहाँ ?

इस बार

प्रतीक्षा ने इस बार चुना एक अजनबी शहर

आकाश ने एक ठंडा वसंत
दिवंगत कवियों के जीवित शब्दों ने
रौशनियों और आवाज़ों के बीच
स्पंदित-सा मौन
धीरे-धीरे रौशन और धूमिल होते
बस्तियों के दृश्यालेख ने
पुरानी क़ब्रगाह में मिट-से गए नाम पर ताज़े फूल

पत्थर हँसता है
फूलों की हँसी
—उमगता है गौर उरोजों की तरह
ठहरता है यौवन में

एक खिले मन ने
एक बीते बचपन ने
एक अधखुले द्वार ने
फिर चुनी प्रतीक्षा
फिर एक अजनबी शहर—

यह शहर

यह शहर और है
और वही है
जिसकी चाहत की बेबाक रौशनियों में
चमकतार पगडंडियाँ जाने कहाँ बिला जाती हैं .

यह शहर वह नहीं है
पर वही है
यहाँ प्रार्थना
किसी पिछवाड़े की गली में
कहीं नहीं पर खुलती खिड़की है

यह शहर दूसरा है
और वही है
क्योंकि पहली बार वह भी यहाँ है
कविप्रियाओं की प्राचीन रति के किनारे
ऐसे टहलते हुए कि
यह निरंतरता एक नदी है
शहर के बीच बहती हुई
और उसे उच्छल प्रेम करती हुई
बीचोंबीच उसे चूमती हुई
या किसी सुनसान मोड़ पर
बेझिचक . . .

यह शहर दूसरा है
उसके देवता और प्रेतात्माएँ और हैं

दूसरे हैं उसके पक्षी,
सड़कों के किनारे तरतीब से लगे पतझरे वृक्ष
पर वही है
जिसमें झिझक-भरी
संदेह-भरी
वह है
वैसी ही

यह शहर
वही शहर है
कामना में बसा
स्वीकार से उजला
फिर भी अतृप्ति के तले
उसका शहर
दूसरा शहर ।

सम्भावना

शहर अब भी एक सम्भावना है
जाड़ों की एक दोपहर
एक व्यस्त सड़क पर
स्वेता के मित्र-हाथों को छूकर मैंने जाना—
मेरे हाथ जरा-सी देर बाद भूल गये
स्पर्श को
और हमेशा की तरह अकेले मेरे पास रह गये
ट्रैफिक सिगनल पर रुकी हुई भीड़ में
कहीं नहीं था
मेरे शरीर के लिए कोई अर्थ,
कहीं नहीं थी वह शांत निजी गरमी
जिसे मैं अपना प्रेम कह सकता—
एक हल्की-सी अप्रासंगिक हवा थी
जिसे झटका-सा देती हुई रुक गयी एक बस :
हैंडल पकड़ते अपने हाथों को
मैंने दुःखी होकर देनी चाही अपनी करुणा
तो याद आए वे हाथ,
जो अभी थोड़ी देर पहले उनमें थे,
उनसे जुड़ा वह शरीर जो प्रतिफलित हो चुका है
एक और शरीर में,
और फिर मुझे मिल गए कुछ शब्द
जिन्हें मैं वहाँ रख सकता था
जहाँ पहले वे हाथ थे—
खिड़की के हवा के ठंडे झोंके से सिहरते हुए
मेरे हृदय में हाथों के लिए

कविता के लिए
अब एक आशा थी

शहर अब भी एक सम्भावना है !

भिलाई में

जहाँ लोहे के लम्बे फैले जलते हाथों को
यंत्र एक अमानवीय आवाज़ के साथ काटता है
वहाँ भी मैं गहरी नींद में सो जाऊँगा
और बिना किसी दुःस्वप्न में फँसे
सहज भाव से जाग सकूँगा—
और किसी मुद्रा या मधुवचन से अनाक्रांत रहकर भी
तुझे याद रक्खूँगा :
एक अंतहीन ग्रीष्म में भुला दूँगा ऋतुक्रम
पर पहचान लूँगा उन सुगंधित दिनों को
जब मेरी बाँहों में
तेरा अक्लांत लावण्य खिल आएगा :
एक मरणान्तक शोर होगा चारों ओर
और मेरा हृदय
गले हुए आलोक-स्फुरित लोहे की तरह
असंख्य मार्गों से तेरी ओर बहता रहेगा
जिसे मनचाहे सुखों में
तू ढालती रह सकेगी—

फिर एक रात जब
इस्पात की तरह भारी होने लगेगा
तेरा रक्त और तेरा हृदय और तेरा प्यार
तब मैं
लोगों और कोयले को ले जाती रेलगाड़ियों के नीचे से
और सोए हुए नगरों पर पहरा देती बत्तियों के पीछे से

तुझे आवाज़ दूँगा :
काले भारी भय की तरह स्तब्ध होगी पृथ्वी
और मृत्यु की तरह निःस्पंद छाया हुआ होगा आकाश
मेरे असंख्य अंश तेरी प्रतीक्षा करेंगे
यंत्रद्वारों के पास ।

प्रेम में

आम्रमंजरी से झुकी डालों के पीछे
चम्पा के फूलों के ऊपर
पूर्णिमा थी अपने चंद्रमा के साथ
धवल उज्ज्वल शीतल—

मैंने यहीं बैठे-बैठे
उसे अपनी अंजलि में उठाया
और तुम्हें अर्पित किया
तुम रखो उस पूर्णचंद्र को जहाँ चाहो
अपने ओठों पर
अपने नेत्रों पर
अपने उरोजों के बीच—

मैंने तोड़े नहीं पलाश के फूल
उनसे लदे असंख्य वृक्षों से
सिर्फ़ यहीं से उन्हें सजा दिया
उनकी सारी सिंदूरी आभा के साथ
तुम्हारे लावण्य के चारों ओर—

प्रेम में यही होता है
सारा ब्रह्मांड बैठे-बैठे मिल जाता है
समर्पण के लिए
और ऐसे शब्द भी
जो वह न होता तो मेरे पास
कभी न आते ।

पर वह

पर वह शाम निश्चय ही बहुत खूबसूरत थी : बहुत चाहत भरी।
उसमें रसभरा-पन था । पहले की तुलना में संकोच भी कुछ कम।
अपनी इच्छा और प्रेम को पहचानने का साहस ।
वह चली गई समुद्र की एक विशाल लहर की तरह मेरे
समूचे अस्तित्व को भिगोती हुई और अब एक रेत के
सूखे-प्यासे तट की तरह मैं हूँ, लगता है जैसे कभी न
समाप्त होने वाली प्रतीक्षा में, कभी न बुझ सकने वाली
प्यास लिये, कभी न दबने वाली इच्छा लिये । पर लगता है
उसे इस सबसे क्या ? जैसे सब एक खिलवाड़ है—
अँधेरी रात में खड़ा वृक्ष जिसकी डालों और पत्तियों
पर असंख्य जुगनू झिलमिला और जगमगा रहे हों—
क्या ऐसे थे हम ? किसी पर्वत की चोटी पर एक
चट्टान जैसे उलझी-सी हो एक गझिन वृक्ष की अँधेरी
जड़ों से ? क्या उस शाम किसी देवता ने ऊपर आकाश
से हमें देखा और असीसा था ?
क्या एक उभरी बाँह पर
एक तितली, एक हरी पत्ती,
एक लाल फूल
चिपक गए थे ?

अकस्मात्

मैं तुम्हें देख नहीं सकता
हालाँकि तुम मुझे चारों ओर घेरे हो ।

मैं एक पुराना मकान हूँ
जिसमें बरसों बाद कोई रहने आया है ।

क्या दरवाज़े पर दस्तक
तुम्हें सुनाई दे रही है ?
हवा का एक हल्का-सा झोंका ?

तुम मुझे भूल जाओगे—
एक अकस्मात् अतिथि की तरह
जो संयोगवश तुम्हारे दरवाज़े पर आ गया ।

देह की पुकार सुनती है देह ही

न सुनती है हवा,
न पता चल पाता है धूप को—
अँधेरा रहता है, अन्यमनस्क,
और चीज़ें और दृश्य हमेशा की तरह
उदासीन—
देह की पुकार,
सुमुखि,
सुनती है
देह ही ।

शब्द से भी

शब्द से भी जागती है देह
जैसे एक पत्ती के आघात से भी होता है
सवेरा . . .

वापसी

वह आ गयी है

हवा में बसी फूलों-वनस्पतियों की सुगंध
बहुत नन्हें हाथों की तरह नरम बारिश
यहाँ से अदृश्य वृक्षों पर चमकती धूप
अपने असंख्य गानों के साथ भी सुनसान अंतरिक्ष

एक बच्ची
अपना बस्ता भूलकर
चहकती हुई चढ़ती है स्कूल की बस में

वह आ गयी है
जैसे अनंत में आ गया है समय
द्वार पर आ गया है सौभाग्य
दूब पर आ गयी है ओस पर आ गयी है धूप
पर आ गयी है बारिश पर आ गयी है हरियाली

वह आ गयी है ।

उसकी आवाज़ में

उसकी आवाज़ में
आगे आने वाले फलों की
कसमसाहट है—
उसकी आवाज़
अलमाई हुई है आम्रमंजरियों से—

उसकी आवाज़
भर देती है सुगंध से
सुनसान को—
उसकी आवाज़ में
बजते हैं अनंत के नूपुर—

उसकी आवाज़ दीप्त है
आकाश से

उसकी आवाज़
डूबी है स्वीकार के
अस्फुट गान में

उसकी आवाज़ प्रार्थना है
पक्षियों के लिए
देवताओं के लिए
तुम्हारे सौभाग्य के लिए ।

अगर तुम

अगर तुम मिल जाते समय पर
और सही जगह
तो इतना भटकना न पड़ता—

भटकी हुई पत्ती को मिल जाता पता
नदी-तट का,
राग के उजाले में लौट जाता
अँधेरे में खो गया कोमल गंधार,
दरवाज़े पर दस्तक दे रहा
तारा पहुँचा देता
पृथ्वी के पास उसके लिए
लाया गया प्रेमपत्र . . .

अगर तुम मिल जाते
तो पलाश के वृंत्त को कुतरता तोता
लगा ही लेता आग
हरे में,
लुप्तप्राय शब्द को मिल ही जाता
प्रिय दिवंगत कवि का घर,
और मुझे वे सीढ़ियाँ
जिन्हें अधर में लटकता-सा छोड़कर
मैं पैदल नाप आता आकाश—

अगर तुम मिल जाते समय पर
और सही जगह

तो मैं मृत्यु को आमंत्रित कर सकता था
शाम के खाने पर,
और समय को पोटली में लपेटकर
मनचाहे मोड़ पर बैठा रह सकता था
चुस्कियाँ लेता और गप लगाते हुए
आयु से—

अगर तुम मिल-भर जाते—

वसंत-दिन

आज का दिन पूरा का पूरा एक वसंत है
कल पत्ते नहीं थे और कल झर चुके होंगे
आज का दिन पूरा का पूरा एक वसंत है
और तुम एक वृक्ष हो
अपनी हर उग सकने वाली पत्ती के
और अपने हर खिल सकने वाले फूल के साथ
और सिर्फ़ इतनी झुकी हुई
कि मैं तुम्हें उठंग कर छू ले सकता हूँ ।

सुख से

मैं उससे नहीं, उससे नहीं सुख से कहना चाहता हूँ
इतने दिनों बाद, इतनी प्रतीक्षा कराने के बाद आये हो
तो अब यहीं बसो
मत और भटको ।
यही, यह प्रेम, यह आवेग, यह कामना
यही तुम्हारा भरोसेमंद घर है ।
यहाँ द्रुम-द्रुम लता-लता फैल जाओ ।
यहाँ मँड़राओ हवा की तरह ।
सुख, इतनी देर बाद मिले हो तो बैठो :
न सही यह सड़क निर्जन,
यह एक जलहीन सरोवर के किनारे की सीट
न सही बहुत आरामदेह, पर यही जगह,
यही शाम मिली है,
यही कुछ उत्सुक कुच-अधखुले-से क्षण :
सुख यहीं बैठो और बात करो ।
कहो वह कथा जो तुमने आज तक नहीं कही
और या कि वह जो एक बार, शायद सदियों बाद,
फिर से दुहराने का मन हो ।
यहीं बैठो—सीट पर या निर्जन शाम में नहीं प्रेम में ।
प्रेम में, देवकृपा की तरह अकस्मात् और उदार ।
प्रेम में, वरदान की तरह एकत्र ।

उस झुरमुट में या कि उस वृक्ष के पीछे या सामने की
अँधेरी इमारत के
धूल ढँके रौशनदान से

देवता ईर्ष्या से हमें देख रहा है कि अब हम क्या करते हैं :
कैसे, कितना, कब—सुख उसे देखने दो ।
तुम अनुराग से लज्जारुण हो, न कि देखे जाने के कारण ।
तुम्हें जो देना है
वह इससे अप्रभावित है कि कौन क्या कहेगा
या कहाँ से हमको देख रहा है ।
अब यह अपने पास रखे रहना अपनी चाहत
अपने अंगों को अस्पृश्य बनाये रखना—
सुख, यह सम्भव नहीं है ।
यह मधुसंचय अब और कितना गाढ़ा होगा, और कितना सघन !

वे सब आ रहे हैं इसी सड़क पर
इसी निर्जन में अपना एकांत तलाशते
—वे जिन्हें किसी ऐसे ही सुख ने छुआ है
पूर्वज और सदियों बाद आने वाले लोग
वे सब देख रहे हैं कि हम क्या कर रहे हैं
—सुख हम पर इतना एकाग्र है कि
हमें इसकी खबर नहीं है कि हम हैं और हम नहीं होंगे
—हम होंगे इसी संध्याभा में,
इसी सूर्यास्त और अस्ताचल में
इसी स्पर्श और स्पंदन में
इसी विराट् नृत्य में एक सुनिनादित नुपूर की तरह
सुख का रंग उस पर,
सुख की छाया उस पर
सुख का आशीष उस पर
सुख उसके साथ उसके अकेले में भी
सुख उसके कुचों के बीच हल्की-सी हरकत-सा
सुख मुद्रित उसके चुम्बन की तरह आकाश में
सुख कुसुमित उसकी झाड़ी में
—सुख उसके कुचवृंत्त पर कुसुमित
उसकी आँखों में चमकता सुख
उसकी स्मिति में फैलता सुख

सुख उसके यहाँ, सुख उसका घर, सुख उसकी आकांक्षा ।

सुख अपूर्व
उसे अपूर्वा बनाता हुआ ।
सुख अनुपम
उसे अनुपमा रचता हुआ ।
सुख असीम
उसे सीमातीत करता हुआ ।
आज सुख ने उसका सिंगार किया है अपने हाथों ।
माथे पर बिंदी लगाई, पल्ला सीधा किया,
साड़ी की चुन्नट डाली, पीछे का हुक लगाया—
—सुख ने उसे सुंदर बनाया है
परिपूर्ण और उत्सुक ।

शेष

सब कुछ बीत जाने के बाद
बचा रहेगा प्रेम
केलि के बाद शैया में पड़ गई सलवटों-सा,
मृत्यु के बाद द्रव्य स्मरण-सा,
अश्वारोहियों से रौंदे जाने के बाद
हरियाली ओढ़े दुबकी पड़ी धरती-सा
गरमियों में सूख गए झरने की चट्टानों के बीच
जड़ों में धँसी नमी-सा
बचा रहेगा
अंत में भी
प्रेम ।

उस दिन

उस दिन जब
तुम नहीं आओगे
तो क्या यह दिन आयेगा
मेरी आयु में ?

सुबह होगी लगभग उतने ही समय
अँधेरे पर उजास और धूप
फिर दुख आयेगा
दिन-भर साथ रहेगा
नाश्ते की मेज़ पर
दफ़्तर के कागज़ों के साथ
कॉफी-हाउस में कुछ कम नमकीन
साँभर-वड़ा खाने के वक़्त
दुख रहेगा साथ उस दिन ।
अपनी बाक़ी व्यस्तता को भूलकर
जैसे उसकी डायरी में वह पूरा दिन
मेरे लिए ही रखा गया हो ।

निराशा आयेगी
बैठने और वह भी देर तक
बिना बात या काम बैठी रहेगी पास
उस दिन ।

अदृश्य पर अचूक पक्षी की तरह
प्रतीक्षा फिर भी मँड़रायेगी

आसपास ।

सब कुछ होगा और दिनों की ही तरह
बस दिन ही नहीं होगा
उस दिन
जब तुम नहीं आओगे ।

प्रणय-निवेदन

क्या मैं भेज सकता हूँ
अपने शब्दों के साथ
थोड़ा-सा चंद्रमा
एक संज्ञा-भर,
एक क्रिया बराबर आकाश,
एक विशेषण जितनी हरीतिमा ?

आखिर कब तुम जानोगी—
यह रात-दिन की बारिश,
यह उसमें झींगुरों की अथक पुकार,
यह हर कुछ को छूती-घेरती हवा
मेरा प्रणय-निवेदन है ?

सिर्फ़ नहीं

नहीं सिर्फ़ आत्मा ही नहीं झुलसेगी
प्रेम में
देह भी झुलस जायेगी
उसकी आँच से

नहीं सिर्फ़ देह ही नहीं जलेगी
अंत्येष्टि में
आत्मा भी भस्म हो जायेगी

प्रेम हो या मृत्यु
ऐसी कोई पावक नहीं
जो सिर्फ़ आत्मा को जलाये
या सिर्फ़ देह को ।

बचा रहेगा

हम नहीं बचेंगे
पर बचे रहेंगे
धीरे-धीरे ढहते द्वार,
सड़क-चौबारे,
उनके बीच टहलती-भटकती गाथाएँ,
कहीं और ठिकाना पा गए
अधूरे सपने,
पीली पड़ती जर्जर पुस्तकों में धूमिल शब्द
घिसते हुए पत्थर
और अपाठ्य हो गए शिलालेख ।

हम नहीं बचेंगे
बची रहेगी
ऐसे ही हरी घास की नोंक पर चमकती ओस पर
पहला आघात करती किरण धूप की,
दिगम्बर देह पर गवाक्ष से
अनजाने पड़ती कोजागरी—
क्षितिज को अधीर कामना से घेरता-सँवलाता मेघ ।

हम नहीं बचेंगे—
पर बचा रहेगा
दिन-भर की बारिश के बाद
दूर तक धूप में चमकता हरीतिमा का आश्वासन,
बचा रहेगा
पत्ती-पत्ती खिलता-झरता प्रेम ।

हम नहीं बचेंगे—
पर बचा रहेगा स्पर्श का आह्लाद,
सान्निध्य की कांति,
कामना का तेज,
और निराशा का अँधेरा ।

बचा रहेगा अरण्यरोदन
निर्लज्ज क्रूरता
अस्ताचल की द्वाभा ।

कहीं नहीं

आकाश कैसे भागेगा ब्रह्मांड से ?
कहाँ जाएगी पृथ्वी अपनी कक्षा से ?
नक्षत्र कहाँ दीप्त होंगे सौरमंडल छोड़कर ?

फूल हरी पत्तियों और झूमती डालों पर नहीं
तो कहाँ फूलेंगे ?

जल कहाँ जाएगा
नदी से, सागर से,
मेघ से, प्यास से दूर ?

तुम कहीं नहीं जा सकते
अपनी त्वचा और अस्थियों से,
अपनी भाषा से,
अपने प्रेम से ।

शब्द

1
शब्द छूता है शब्द को
शब्द को शब्द चूमता है
दो शब्दों के बीच
सिर धरता है
एक शब्द ।

शब्द को बेधता है शब्द
शब्द को भरता है शब्द
शब्द को मथता है शब्द ।

शब्द नाचता है
मौन को
संक्षिप्त अनंत में ढालते हुए ।

मौन में
शब्द बोलते हैं
शांत होते हैं ।

2
ओस छूती है हरीतिमा को
चुपचाप ।
पंखुरी खुलती है धूप में
अँधेरे में जड़ें
चट्टान पर दस्तक देती है ।

वह उठती है
चुपचाप
अनंत पर एक खिड़की खोलती है !

स्थगित नहीं होगा शब्द

स्थगित नहीं होगा शब्द—
घुप्प अँधेरे में
चकाचौंध में
बेतहाशा बारिश में
चलता रहेगा
प्रेम की तरह,
प्राचीन मंदिर में
सदियों पहले की व्याप्त प्रार्थना की तरह—
स्थगित नहीं होगा शब्द—
मौन की ओट हो जायेगा शब्द
नीरव प्रतीक्षा करेगा शब्द
धीरज में धँसा रहेगा शब्द ।

उसके देह की द्युति-सा
उसके चेहरे की आभा-सा
उसके नेत्रों के चकित आश्चर्य-सा
अंतरिक्ष में
सुगबुगाता रहेगा शब्द
स्थगित नहीं होगा ।

अंत तक

उस क्षण तक जीने देना मुझको
जब मैं और वह प्रियम्वदा
एक डूबते पोत के डेक पर
सहसा मिलें ।
दो पल तक न पहचान सकें एक दूसरे को,
फिर मैं पूछूँ :
"कहिए, आपका जीवन कैसे बीता ?"
"मेरा . . . आपका कैसा रहा ?"
"मेरा . . . "
और पोत डूब जाये ।

पहला चुम्बन

एक जीवित पत्थर की दो पत्तियाँ
रक्ताभ, उत्सुक
काँपकर जुड़ गईं,
मैंने देखा :
मैं फूल खिला सकता हूँ ।